AF203011

Werner Krotz

zeit
wie flüssige kristalle

Werner Krotz

zeit
wie flüssige kristalle

Gedichte

© 2017 - Werner Krotz

© Titelfoto „Laubengang" 2015 –
Bernd Kasper / PIXELIO

Icon „Cow" made by Freepik from
www.flaticon.com

Verlag: tredition GmbH, Hamburg

ISBN
Paperback: 978-3-7345-9150-1
Hardcover: 978-3-7345-9151-8
e-Book: 978-3-7345-9152-5

3. verbesserte und erweiterte Auflage

Printed in Germany

Die in diesem Band enthaltenen Gedichte sind mit einer Ausnahme zwischen Juni 1995 und Juni 1997 entstanden. In dieser Zeit lernte ich die Literaturzeitschrift **ceit & taeg** kennen und besuchte ihren Herausgeber, Paul Jaeg, in Gosau. Der Austausch mit ihm hat meine Art, Gedichte zu schreiben, bereichert, und dafür danke ich ihm.

Die erste Auflage dieses Bandes ist im Arovell Verlag erschienen, den Paul Jaeg leitet. Die vorliegende dritte Auflage ist verbessert und um zehn Gedichte erweitert.

***

Ich wurde 1941 in Wien geboren. Ich lebe in der Umgebung von Wien, habe aber auch acht Jahre in der Schweiz zugebracht.

Bei meinem Studium, das mit dem Dr.phil. abschloss, habe ich gelernt, mich selbst und die Bedeutungen der Worte infrage zu stellen.

Über lange Jahre hinweg habe ich ein literarisches Tagebuch geführt. Dabei sind Gedichte, kleine Prosastücke und kurze Theaterstücke entstanden, von denen drei aufgeführt wurden. Außer Büchern mit Lyrik und Kurzprosa habe ich auch Sachbücher und Bearbeitungen veröffentlicht.

Der vorliegende Band macht einen kleinen Teil meiner literarischen Tagebücher öffentlich.

Meine E-Mail-Adresse: werner.krotz@gmx.net
Meine Website: www.wernerkrotz.net

auf der zeitachse
liegt man nicht gut
wer möchte sich gerne
so schmal machen?

wind
wehe durch mich
wasser
fließe durch mich
erde
dringe durch mich
feuer
senge durch mich -
senge durch mich
hindurch

ich habe mich
bis zur kenntlichkeit verändert

hinter gedanken
        gedanken
        gedanken los

wassertropfen
lebenstropfen
In jedem tropfen
ist alles enthalten

der mond
gebiert die sonne
das wasser
gebiert den mond

auf der anderen seite
nebel
waschküche
dick und triefend
legt sich wohltuend
auf meine gefühle
und auf meine
allzu aristotelische
logik

zeit
wie flüssige kristalle
der augenblick
kann jede form annehmen
jede form
du formst ihn
mit deiner hand
bei westwind
fliegen die kühe tief
so viel konnte ich nicht sagen
weil ostwind war

sommer
wendet
winter
gebärendes
zeugen
im rachen
des feurig bösen
stillende güte
haus zerbrochen
schnecke sucht nackt
ihren weg

alles
gewonnen
nichts
in händen
lebendig
pulsiert
in den adern
der salzige atem
des meeres
umspielt
das gesicht
der sandige hauch
der wüste
siehe da
ein seepferd
lenkt ein wüstenschiff

Gerlinde
und Werner

gemeinsam einsam
gepfeilt
ins reich
von tod und leben

goldene haut
überzogen
mit grünlichem schleim

leuchtturm
auf dem meeresgrund

herz
leber
nieren
ein
geh
weide

schreie
zerreißen
papier
umhüllt
nichts
von bedeutung

regen
tropfen
blut
wasser
zerstäubt
in kaskaden
leben

leben
rümpft
die lachfalten
jeder pfeil
zugleich
zielscheibe

löwen
marzi
pan
flöte
im herzen

weih
rauch
nachten
lebkuchen
gekreuzigt
todes
rachen
nachen
ins leben

todes
damm für
lebens
spiele
eier
speise
schale
bricht
fürchtet euch
nicht

honiggallensüße
tropft vom
lebenstodesbaum
um den die
tränen tanzen
zaubertränen
lach und wein

taumelnder
parademarsch
durch klare
schaumige gewässer
zwischen skylla
und charybdis
hörst du
da vorne
den morgen
mantel
duft
wo der sarg
sich öffnet

übergang
vom niemandsland
zum jemandsland
siehst du
das boot
aus gesponnenem zucker
den fährmann
in seiner rüstung
innen hohl und leer
und doch voll kraft
in seiner fahrt
über höllenhöhen
und durch himmelstiefen
kaut er
den kern
der erde

weih
nacht
oster
morgen
verschränkt
sind dunkel
und licht
geburt
und tod
auf der zunge
die fülle
von beidem

zeit
galopp
im wasser
glas
veits
tanz
los
nächte

lebensfall
springt
über liebesfelsen
zersprüht
in tausend tropfen
wäscht löcher
bricht steine
füllt
unablässig
das tal

pferd
mit flügeln
im galopp
durch mich
sein duft
seine kraft
ein spiel
mit mir
unverlierbar

geschmack
auf der zunge
wie gefangen
kaut sich
frei
spürt sich
taub
wird lebendig
schätzt
den krug
mit met
und den schluck
tausendguldenkrauttee
weiß sich
gebunden
in endloser weite

meine füße
immer unähnlicher
meinen spuren
meine gestalt
nicht zu sehen
meine kraft
nicht zu ahnen
mein duft
neckt dich
und ist weg

leben
füllt wasser
in dich
tod
bohrt löcher
in dich
du gießkanne

winddurchweht
berührt vom himmel
landet
der ballon
setzt der korb
auf der wiese auf
landet
der wind
und der himmel
im grün
der erde

zeit
lose geknüpft
immer kleinere knoten
einer am anderen
dicht gewebt
dicht und fest
doch entwirrbar
doch lose
zeitknoten
lose
zeit
los

leben
aus dem unsagbaren
augenblick
wie der wolf
ein wasserblaues
und ein erdbraunes auge
blicken dich an
blick
der wärme
blick
der tiefe
blick
los

seifen
blasen
regen
bogen
reigen
tanz
ohr
verklebt
schall
regen
lösend
erweckend
seifen
blasen
welch ein
tanz

metamorphose

äußeres
unverändert
inneres
verdaut sich selbst
wird neu geboren
und schimmert
durch die haut
und kennt kein außen
und kein innen mehr

was ich auch tu
wo ich auch bin
und wer auch immer
im nächsten augenblick
bin ich es nicht
die form
ist aufgelöst
die kontinuität
ist nicht gegeben

angst
im zwischenland
zwischen zwei bergen
zwischen zwei flüssen
angst
bäckt knochen
über dem feuer
leere knochen
um sich zu verbergen
knochen
zerbrochen
angst
entwichen

eingekratzt
und eingekrallt
gefurcht
geprägt

gelockert
weggewaschen
aufgelöst

wer wagt es
hier noch einen
schatten zu werfen

erstickt
verstockt
verblendet
blöd

lachend
offen
eingeladen

zart
gebrochen
fein
gemischt

siedend
brühend
duft
entfaltend

kampf
durch dickicht
und dornen
tanz
über die lichtung
mit den elfen
und ihrer königin

die grenze
läuft mitten
durch mich
durch mein rückgrat
die grenze
zwischen gemeinsamkeit
und einsamkeit

mit wachen
und träumenden augen
bei tag
und bei nacht
vollbewusst
und ahnungslos
bei jedem atemzug
lebendig
und tot

zum licht
gekommen
hinter das licht
geführt
lichtlose
weite
licht
auf dem meeresgrund
licht
in der mitte
der erde

das herbe
herbarium
das bittere
biotop
die heftige
hefe
die sanfte
sahne

vergangenheits
meisel
prägt das gehirn
schafft den magnet
für lebens
umstände
ausgekratzte
schädelschale
trinkgefäß

ein atemzug

einsamkeit
gemeinsamkeit
verschmelzung
alleinheit
verschmelzung
gemeinsamkeit
einsamkeit

texte
tropfen
aus meinen poren
tanzen
auf den elementen
lachen
und weinen
sprechen
und schweigen
erzählen
von himmel
und erde

blühende haut
mit lebendiger farbe
kann das innere
nicht verbergen

ger
linde
du baum
im weiten garten
der wind
in deinen zweigen
zieht seine bahn
ger
linde
und heftig
durch mich hindurch

ger
linde
früchte
werden
reif

wagnis
menschheit
ur
schmerz
wald
schmerz
grenze
nicht ausweichen
bis
zum biss
zauber
tier
transformation

ich
endlich
nicht
wich
dich
das
nich
dich
bricht
sich
blüten
bahn

nackt
und bloß
schutzloser
schutzmann
neugebauer
funkt nach
beiklang

heute
trägt man leben
todesschere
schneidet lebenskleider zu
königswasser
löst sogar
metallscheren

die kleidung
abgefallen
die haut
abgezogen
ins land ohne wiederkehr
das fleisch
frisch

brüllende unfassbarkeit
im raum des
schweigenden wunders
die zeit
zerreibt es
es setzt sich
zur wehr

augen
blick
sonne
die den tag
befruchtet
blitzstrahl
der die nacht
zerreißt

augen
blick
von mir
zu dir
zu mir
zeichen
und siegel
flugbahn
des phönix

vertrauen
eine blume
zwischen dir
und mir
voll erblüht
und so lebendig
immer weiter knospend
mit neuen
zarten blüten

trost
los
werden

verwirkte
wirklichkeit
zauber
haft

schnitt
muster
blumen
fall
gruben
obst

an
zweifel
ver
zweifel
ent
zweifel
zweifel
los

milchglas zerfällt
zu weißem staub
hörst du den ruf
der milchgänse?
milchnebel hebt sich
und gibt den blick
auf die milchstraße frei

außen und innen
auf linnen
rosinen

leise weisen
klingen
weise meisen
singen
es gibt nichts
zu beweisen

gehirnschlag
herzschlag
tiefe lebendigkeit

gefestigte
zerbrechlichkeit
ger
linde

sonnengeburt
aus dem nebel
lichtgesättigtes
urmeer
zeugend neugeboren
eins mit dem unsagbaren
weltkraft
ungebunden
kindliches spiel
strahlen brechen sich
am weißen dunst
regenbogen

.

nicht männlich
nicht weiblich
nicht entrückt
nicht fassbar
ganz da
ganz weg
ganz frau
ganz mann
kein durchblick
kein sein
kein werden
kein tanz
keine ruhe
ungeminderte fülle
im kleinen nichts
vergessen unnötig
erinnerung unnötig
notdurft
transparent

daogeschmack
auf der zunge
dao
auf der haut
dao
durchwirkt
das fleisch
und die knochen
dao
in der hand
die hand
ist mit leere
gefüllt
dao
auf dem dach
der glanz
ist im grünspan
verborgen

seelische
schmerzen
chaotisch
werden
im dao
gelöscht
feuriges
wasser
brüllende
löwen
mit elfenzähnen

das spiel
streut aus
und sammelt ein
es zeitet sich
es raumt sich
es bleibt immer
bei sich
es spottet
jeder beschreibung

von der hand
in den mund
von einem tag
auf den anderen
in fetzen
vom leib
jeder tag
randvoll

zartes licht
der nebelsonne
schneefelder
schmelzender glanz
himmel
und erde
durchmischt
klares geheimnis
dao

die sonne
im nebel
eine mondartige
scheibe
und bald darauf
sonnenneumond

der himmel
blauer stoff
der ewigkeit
davor der mond
als lichtes boot
der zeit
darunter ich
so nah dem rätsel
und so weit

sonne
morgendlich orange
im zarten nebel
zwischen zweigen
baumbrücke
zur erde

erschütterung
schutt
goldkörner

verwundung
strom
des wunders

irrer irrsinn
und erdiger erdsinn
alles ist irr
was nicht erde ist
alles ist erdig
was nicht irr ist
irrhefe in erdenteig
irre erde kauen

zerstörung
durchdringung
zeitigung
gewinnung
romantick

klaffende
tiefe
brennende
sehnsucht
kein tod
kein leben
wird sie jemals
erfüllen

fahrender
bus

mohnblumen
wie feuerpfeile
durch das grün der landschaft
geschleudert

krankheit
ködert
kichern

leiden
lockt
lachen

kind der finsternis
und des lichts
kind von pfeffer
und salz
von brot
und wein

anthro
topologie

schick ist
die brille
beim eingang
zur augenhöhle
und der anzug
sitzt gut
auf dem knochenmark

blut und
speichel
mark und
bein
sand und
erde

regen
blüten
wolken
fetzen
von musik
und erinnerungen

edel
so edel
hilfreich
und gut

es ist zum
nieren
stein
erweichen

die augen gebrochen
schon kommen die fliegen
er kann da
gar nicht
zuschauen

ver rückt
ist der deckel
des brunnens
er schöpft
ist das köst
liche nass

Das Licht
des sonnigen Tages
weicht dem Dunkel
der mondlosen Nacht.
So wirst du
blind
und taub
und stumm,
kaust schwarze Kerne
und stirbst
hinein
in das strahlende
Erwachen.

verrückt
bewegt
halb verrückt
halb bewegt
unverrückt
unbewegt

jenseits
von allem erkannten
von allem begriffenen
jenseits
von allem gesagten
von allem gefühlten
sehe ich ein bild
von frischem schnee
und von blattlosen bäumen

un wirk lich scheint
doch un merk lich wirkt
die wirk same
        wirk lichkeit
und aus dem wirk samen
wächst der wirk liche
    lebens   baum

ungelüftet
spinnwebenverhangen
stinkend
schmierig
schrill
verstimmt
verlottert
verkommen
kein raum

windhauch
spinnwebenharfe
erfrischend
schwarze kohle
und klarer diamant
wohlig
gehört
gesehen
begangen
mein raum
weltraum

schmerz
verwirrung
lose worte
ruhe
heiterkeit
wort los

die sonne
menschenblut
streicht über die köpfe
menschenblut
des getrockneten mohns

abenteuer licht
bienen hafer sticht
diamanten schaum
lebens quellen baum
frau realer traum
verschwindet nicht

zerbrechliche eisenfaust
granit eierschalen hauch
liebes hackbrett
glas harfen splitter
daunen blüten duft
ludwig van himmel

muschel perlen ohr
und ein
kometen katzen schweif
ungebunden
an barkassen
so leuchten die
leben liebes räder

niemals
so wie damals
jetzt ist
frischer regen
jetzt tanzen
die regenwürmer
aufwärts
durch die rote erde

auf eine farbe
hab ich gesetzt
doch gekommen ist
ein fleck wirklichkeit
ein stück regenbogen

so zart
und lebendig
wie ein spatz
in der hand
. . . es . . .
so sanft
und kraftvoll
wie eine möwe
im flug
. . . es . . .
so sprachlos
sprechend
so voll mit
offenbaren
geheimnissen
wie klanghölzer
im wind
. . . es . . .
so grenzenlos weit
und unter der haut
so lichtlos leuchtend
immer weiter tanzend
von gras zu mensch
von mensch zu stein
von dir zu mir
zu dir
. . . es . . .

der regen
fällt
die sonne
scheint
der wind
brüllt und schweigt
du regen
du sonne
ich wind
wir leben

asche
und sand
c'est la vie
sand
und asche
c'est le monde
sand
ist katalyse
und asche
ist transformation

Weitere Bücher des Autors
(Auswahl):

komplott der liebe -
Gedichte
116 Seiten
Softcover, Hardcover und E-Book
ISBN 978-3-7345-919x-x
tredition
2. Auflage 2017

Glücklich in Petrití -
Urlaubsimpressionen aus Korfu
100 Seiten
Softcover, Hardcover und E-Book
ISBN 978-3-7323-728x-x
tredition
1. Auflage 2015

Im Zentrum des Zyklons -
Gedichte und Kurzprosa
156 Seiten
Hardcover, ein Farbfoto
ISBN: 978-3-9449-4865-2
Medu Verlag
1. Auflage 2016

Auf dem sattellosen Windpferd -
Gedichte und Kurzprosa
178 Seiten
Hardcover, fünf Farbfotos
ISBN: 978-3-944948-84-3
Medu Verlag
1. Auflage 2017

Hände weg, doch pack an -
Das Daodejing in neuer Bearbeitung
mit einem Anhang:
Gedichte zum Daodejing
138 Seiten, illustriert
Hardcover
ISBN: 978-3-940528-77-3
Persimplex Verlag
1. Auflage 2009

Das Ende der Paradigmen -
Spurensuche für eine neue Zeit
224 Seiten
Softcover
ISBN 978-3-944948-16-4
Medu Verlag
1. Auflage 2014

Alles für alle -
Bausteine des Lebens
352 Seiten
Softcover
ISBN 978-3-944948-38-6
Medu Verlag
1. Auflage 2015

Jesus aus dem Sand -
Etüden zu den Evangelien des Thomas
und der Maria
292 Seiten
Softcover
ISBN 978-3-944948-56-0
Medu Verlag
1. Auflage 2015

Osternacht der Menschheit
220 Seiten
Softcover
ISBN: 978-3-944948-64-5
Medu Verlag
1. Auflage 2016

Zeitfracht Medien GmbH
Ferdinand-Jühlke-Straße 7
99095 Erfurt, Deutschland
produktsicherheit@kolibri360.de